混声合唱曲

島　　よ

伊藤海彦 ＝ 作詩
大中　恩 ＝ 作曲

カワイ出版

伊藤海彦さんと共に作った合唱曲はいろいろありますが，「島よ」の詩を見た時は，今迄の作品に倍する感動を受け，私が作曲することが極めて当然のようにむしゃぶりついて書きあげました。

　人間の，とくに私達「男」の宿命を全て担っているかのように見える"島"をうたいあげることは，むずかしいことではありましたが，大変書き甲斐のあることでもありました。男声合唱にみられるようなたくましさとねばっこさを，混声合唱のもつ巾広さで一層厚いものにし，更にピアノの表現力を以って深く力強いものに仕立てました。

　1970年9月の作品で，初演は東京混声合唱団，ピアノ三浦洋一氏，私の指揮でニッポン放送から芸術祭参加として放送，芸術祭優秀賞を得ました。

大　中　　恩

◎ CD
日本伝統文化振興財団：VZCC-6

皆様へのお願い

楽譜や歌詞・音楽書などの出版物を権利者に無断で複製（コピー）することは，著作権の侵害（私的利用など特別な場合を除く）にあたり，著作権法により罰せられます。また，出版物からの不法なコピーが行われますと，出版社は正常な出版活動が困難となり，ついには皆様方が必要とされるものも出版できなくなります。
音楽出版社と日本音楽著作権協会（JASRAC）は，著作者の権利を守り，なおいっそう優れた作品の出版普及に全力をあげて努力してまいります。どうか不法コピーの防止に，皆様方のご協力をお願い申しあげます。

カワイ出版
一般社団法人　日本音楽著作権協会

携帯サイトはこちら▶

出版情報&ショッピング　カワイ出版ONLINE　http://editionkawai.jp

混声合唱曲

島 よ

伊藤海彦 作詩
大中　恩 作曲

16

島　よ

伊藤海彦

島よ
碧い日々に　とりまかれているものよ
時の波に　洗われているものよ
翼もなく　鰭(ひれ)もなく
涯てしなさに　うづくまるもの
距(へだ)てられ　ただひとり　耐えているもの
憧れと　虚しさ　あまたの眼に
みつめられているものよ

――島よ

☆

まぶしさに　吹かれながら
島は夢みる
波の言葉に誘われて　いつか
漂うことを。

見すてられた沈黙
その悲しみを断ちきって
ある日　ふと　魚のように

漂うことを。

　　　　――かすかに煙る　明日(あした)
　　　　沖の彼方の　煙る明日

ああ　だが
どこに行けるというのだろう
遠い昔からそうだったように
島は　さだめられたひとりを生きる

………なぜ　なぜ　なぜ
その孤独から　空にむかって
問いかける　樹々の緑
………なぜ　なぜ　なぜ
白く泡だつ声をめぐらし
島はひっそりと　重くなる
忘れられた　果実(このみ)のように

☆

降りしきる雨のなかで
島よ
おまえは傷ついたけもの
はてしない　波だつ荒野(こおや)の
罠(わな)に落ちた　小さなけもの

枝をしなわせ　葉むらを打ち
泥をこね　突き崩し　押し流す
雨、　雨、　雨、…………
ああ　空と海との
まざりあうこの狂気
とめどなく　島を嚙み　島を裂く　暗い力

そしてまた　島は失う
数しれぬ　昼と夜
そがれ　けづられ
いくたびも失いつづけたものを
岩と土　夢と砂とを

雨は降り
風まじり、雨はつのり
島は確かめる
ひとときごとに失われる自分を
島は濡れ　島は沈む
島であることの　いらだち
島でしかないことの　悲しみのなかに

　　　　　　☆

波の果て　陽が落ちるとき
赫々（あか）と身を染めて
島はおもう

遠い昔　炎だったことを
熱く溶けた　叫びだったことを
落日を身に浴びて
島はきく
わきたつ海の
その底をゆるがすひびき
島はきく
忘れていた　はるかな生命（いのち）
母なる岩漿（マグマ）の　ひとつの声を

　　　　──ああ
溢れ　こみあげ　ほとばしる岩漿（マグマ）
焼けただれ　とび散る　熔岩
灰と煙と　にえたぎる海
かけのぼり　走り　空をひきさき
かぎりなく
落ちて　落ちて　落ちつづける
灼熱の雪崩………

………菫（すみれ）、紫、薄墨色（うすずみいろ）
空は変り　風はひそみ
夜へ傾く時のなかで
島はあたらしくなる
呼びさまされた声を孕（はら）み
島は鮮やかに生きはじめる

☆

島は感じる

ふかい夜のむこうから

やってくるものの気配を

長い旅から　かえってくる風を

たえずあの　青空の告げていたもの

怖ろしいまでの優しさ

ときあかせぬ　大気の微笑を

島は感じる

やってくるものの気配を

見知らぬ一日が

吐息のようにひろがるのを

☆

島よ

のがれようもなく孤(ひと)りでいるものよ

心のなか　虚(うつ)ろな海に

浮かんでいるものよ

日ごと夜ごと　その身をそがれ

なお遠い　火の刻印(しるし)を守りつづけるものよ

島よ

おまえは　私ではないのか

散り散りの、人という名の

儚ない島———

私ではないのか

——島よ

混声合唱曲 島　よ　　伊藤海彦 作詩／大中　恩 作曲

●発行所＝カワイ出版（株式会社 全音楽譜出版社 カワイ出版部）
　〒161-0034 東京都新宿区上落合 2-13-3　TEL 03-3227-6286 ／ FAX 03-3227-6296
　出版情報 http://editionkawai.jp

●楽譜浄書＝佐竹楽譜　　●印刷・製本＝平河工業社

© 2005 by edition KAWAI. Assigned 2017 to Zen-On Music Co., Ltd.

●楽譜・音楽書等出版物を複写・複製することは法律により禁じられております。落丁・乱丁本はお取り替え致します。
　本書のデザインや仕様は予告なく変更される場合がございます。
ISBN978-4-7609-1007-6

1971 年 4 月 1 日　第 1 刷発行
1974 年 5 月 20 日 新第 1 刷発行
2025 年 5 月 1 日 新第 96 刷発行
（通算第 97 刷）

大中 恩 混声合唱作品

混声合唱組曲
風のうた
中村千榮子 詩　　　　　（中級）

混声合唱曲
島よ
伊藤海彦 詩　　　　　（中級）

混声合唱組曲
愛ゆえに
土田 藍 詩　　　　（初～中級）

混声合唱組曲
遙かなものを
伊藤海彦 詩　　　　　（中級）

混声合唱組曲
風のいざない
蓮月マリ 詩　　　　　（初級）

混声合唱曲集I
秋の女よ
　　　　　　　　　（初～中級）

混声合唱曲集II
母なる大雪
　　　　　　　　　（初～中級）

混声合唱曲集III
風と花粉
　　　　　　　　　（初～中級）

混声合唱曲集
わたしの動物園
阪田寛夫 詩　　　　（初～中級）

混声合唱曲集V
草原の別れ
阪田寛夫 詩　　　　（初～中級）

混声合唱曲集VI
流れゆくもの
　　　　　　　　　　（初級）

混声合唱曲集VII
虹
　　　　　　　　　（初～中級）

混声合唱曲集VIII
はくちょう
　　　　　　　　　（初～中級）

混声合唱曲集IX
こころの詩
　　　　　　　　　（初～中級）

混声合唱曲集X
恋詩五抄
女屋靖子 他 詩　　　　（初級）

《こどものうた》による混声合唱曲集
サッちゃん
　　　　　　　　　　（初級）

混声合唱とピアノのための四つの詩
誕生抄
宮沢章二 詩　　　　　（中級）

日日のわれらへのレクィエム
煉瓦色の街
阪田寛夫 詩　　　　（初～中級）

バリトン独唱と混声合唱のための組曲
魔女追慕
佐藤春夫 詩　　　　（初～中級）

混声合唱曲集XI
あおぞらに
黒木瞳・青木景子 詩　　（初級）

混声合唱組曲
ウェンズデー
阪田寛夫 詩　　　　（初～中級）

混声合唱組曲
おしまずき抒抄
北島万紀子 詩　　　（初～中級）

混声合唱組曲
心の抄
新谷智恵子 詩　　　（初～中級）

《こどものうた》による混声三部合唱曲集
いぬのおまわりさん
　　　　　　　　　　（初級）

ソプラノ独唱と混声合唱のための交声曲
平和への祈り
山岸千代栄 詩　　　　（中級）

混声合唱組曲
五色桜
櫻木みずき 詩　　　（初～中級）

無伴奏混声合唱組曲
こころ舞うとき
青木一恵 詩　　　　（初～中級）

混声合唱曲集
ひとりぼっちがたまらなかったら
寺山修司 詩　　　　　（中級）

混声合唱曲集
たくさんのありがとう
　　　　　　　　　　（中級）

混声合唱組曲
北廻船
阪田寛夫 詩　　　　　（中級）

混声合唱組曲
飛んでゆきましょう
阪田寛夫 詩　　　　（初～中級）

混声合唱のためのカンタータ
涅槃
森 正隆 詩　　　　　（中級）

混声合唱曲集
美しい朝
　　　　　　　　　（初～中級）

混声合唱曲　　　　　　〈ピース〉
うみにうまれ いのちをつなぎ
かこさとし 詩　　　　　（初級）

混声四部合唱とピアノのための〈ピース〉
わたりどり
北原白秋 詩　　　　　（初級）

大中恩混声合唱曲集
旅に出よう
　　　　　　　　　　（初級）

無伴奏混声合唱組曲
見えてくる
高見 順 詩　　　　　（中級）

無伴奏混声合唱組曲
風の旅
星野富弘 詩　　　　（初～中級）

大中恩混声合唱小品集
おやすみなさい
　　　　　　　　　（初～中級）

混声合唱編曲集
帰れソレントへ〈編曲〉
　　　　　　　　　　（中級）